MISSION
DE
LOANGO.

MISSION DE LOANGO.

MÉMOIRE

SUR l'Établissement d'une Mission dans les Royaumes de LOANGO & KAKONGO en Afrique.

LA propagation de la Foi a toujours été l'un des plus grands & des plus dignes objets de la charité & de la piété chrétienne. Les obstacles, les périls, les dépenses mêmes n'ont point arrêté ceux à qui le Seigneur inspiroit le zèle de s'y consacrer eux-mêmes, ou d'y contribuer par de pieuses libéralités.

L'ÉTABLISSEMENT, que l'on propose ici, a le même but, & donne les plus heureuses espérances ; il offre les plus grandes facilités. Quelques Ecclésiastiques, animés de ces sentimens, font tout prêts à s'y dévouer : ne doit-on pas espérer que Dieu portera des ames vertueuses à leur procurer les secours nécessaires pour les premiers frais, & le soutien d'une si bonne œuvre ?

POUR les y déterminer plus aisément, on va leur exposer avec simplicité le projet de cette Mission : ce qu'on peut s'en promettre, avec la grace de Dieu : & ce qu'il demande à peu près pour son exécution.

PROJET DE LA MISSION.

EN 1765, Clément XIII. donna à trois Prêtres François, que leurs Supérieurs Ecclésiastiques y crurent appellés, les pouvoirs nécessaires pour établir une Mission sur la Côte de Loango (*a*). L'année suivante, ils se rendirent à leur destination.

UN d'eux mourut d'épuisement, après six mois de séjour. Des maladies, & le défaut de secours, obligèrent les deux autres à suspendre leur entreprise : ils

---

(*a*) Cette Mission s'étend sur la Côte occidentale d'Afrique, depuis la Ligne équinoctiale, jusqu'au fleuve du Zaïre dont l'embouchure est par les six degrés de latitude méridionale.

repaſsèrent en France, pour rétablir leur
ſanté.

PEU de temps après leur départ de
Loango, y arrivèrent deux autres Miſſionnaires qu'ils avoient deſirés, mais qu'ils
n'attendoient plus. Ceux-ci, affligés de ſe
voir privés des ſecours qu'ils s'étoient
flattés de trouver dans leurs prédéceſ-
ſeurs pour la connoiſſance de la Langue
& des mœurs du Pays, n'en crurent pas
moins devoir s'appliquer à l'œuvre qu'ils
venoient entreprendre.

DE fortes raiſons les déterminèrent à
paſſer dans le Royaume de Kakongo (a).
Le Roi du Pays les reçut avec bonté,
leur fit donner un logement & des vivres.
Les Habitans, pour la plûpart, leur témoignèrent beaucoup d'eſtime , d'affection, & même de penchant à s'inſtruire.

LES Miſſionnaires encouragés s'appli-
quèrent beaucoup & heureuſement à l'é-
tude de la Langue. Ils étoient déjà en état
de compoſer & de prononcer quelques
inſtructions, lorſque l'épuiſement de l'un

(a) Kakongo eſt un des Royaumes dépendans de la
Miſſion de Loango.

A iiij

d'eux l'obligea à son grand regret de re-paſſer en France. L'autre le ſuivit quatre mois après.

Sı ces premières tentatives n'ont pas eu de grands ſuccès en apparence (a) : elles ont mis les Miſſionnaires en état de s'en promettre & de s'en procurer de rapides, lorſque, avec plus de Coopé-rateurs & quelques ſecours, ils pour-ront reprendre leur entrepriſe, comme ils ſe le propoſent, & comme les y en-gagent des perſonnes également recom-mandables par leurs lumières & leurs vertus.

Ce pieux projet a été mis ſous les yeux de M. l'Archevêque de Paris, qui, l'ayant fait examiner par ſon Conſeil, daigne l'honorer de ſa protection, & les Miſſionnaires de ſa bienveillance.

Notre Saint Pere le Pape Clément XIV. a renouvellé leurs pouvoirs, par un Reſcrit du 23 Février 1772.

(a) L'on ne doit pas néanmoins regarder comme un léger avantage ; le Baptême que les Miſſionnaires ont conféré à pluſieurs enfans moribonds, & les autres Sa-cremens qu'ils ont adminiſtrés aux François, tant en

Déja six Ecclésiastiques se sont réunis à deux (a) des quatre premiers Missionnaires, pour se vouer à cette bonne œuvre. De pieux Laïcs s'offrent à les y accompagner : ils n'attendent plus que le moment où il plaira à la Providence de les mettre en état de partir. Les raisons suivantes les y animent de plus en plus.

ESPÉRANCES DE L'ENTREPRISE.

C'est du secours du Ciel qu'ils doivent attendre, & qu'ils attendent uniquement leurs succès. Mais ne peut-on pas regarder comme un heureux présage, les ouvertures & les facilités que la Providence semble leur ménager ? Les voici.

I. Un plus grand nombre d'Ouvriers assurera mieux l'Entreprise, qu'on ne se verra pas forcé d'abandonner.

II. L'expérience des Missionnaires, les maladies mêmes qu'ils ont essuyées, faute de connoître le climat, leur feront

____

santé qu'en danger de mort, & qui auroient été privés sans eux de ces secours.

(a) Ces deux anciens Missionnaires sont M. Belgarde, Préfet de la Mission, & M. Descourvieres.

prendre de juſtes précautions pour s'en
préſerver, ou pour y remédier avec ſuccès.

III. LA connoiſſance de la Langue
qu'ils ont acquiſe, & dont ils vont inſtruire leurs Confrères, les mettra tous en
état de ſe livrer aux fonctions de leur
miniſtère dès leur arrivée.

IV. ILS auront l'entrée la plus libre
dans le Pays, la permiſſion de s'y établir,
& toute liberté d'annoncer la Religion.
Le Roi de Kakongo les deſire, ainſi que
ſon Succeſſeur préſomptif & les Princi-
paux du Pays. Les Peuples ſont diſpoſés
& prévenus en leur faveur. Un grand nombre ont promis de les écouter avec docilité, & de leur donner leurs enfans à bap-
tiſer & à inſtruire.

V. LE caractère & les mœurs de ces
Peuples (a) les rendent très-ſuſceptibles
d'inſtruction. Ils ſont doux, on ne voit
preſque jamais de conteſtations entr'eux.

PLEINS d'affection les uns pour les

____

(a) L'on ne parle ici que du caractère & des mœurs
de ceux qui n'ont pas de commerce avec les Etran-
gers ; c'eſt heureuſement le plus grand nombre. Les autres ſont communément fort vicieux.

autres , ils foutiennent avec zèle leurs intérêts réciproques.

DÉSINTÉRESSÉS à l'excès , pour ainfi dire, ils partagent volontiers le peu de bien qu'ils ont avec ceux qui en manquent , fuffent-ils étrangers.

SOBRES & tempérans , on pourroit même dire, mortifiés , la plûpart ne fe nourriffent que de Manioc (a), de quelques autres racines ou fruits , & tous couchent fur la dure.

CHASTES & pudiques, autant qu'on en peut juger à l'extérieur ; on ne les entend jamais proférer la moindre parole, dont la pudeur puiffe être alarmée : ils n'ont pas même de termes pour exprimer ces familiarités fi communes parmi les Européens entre les perfonnes de différent fexe. Ils aiment beaucoup à danfer, mais les hommes n'y danfent jamais avec les femmes. Enfin la polygamie, quoique

____

(b) Le Manioc eft une racine fort infipide de la manière dont ils la préparent : elle eft beaucoup meilleure réduite en farine ou en caffave , comme dans nos Colonies , où elle fert de nourriture aux Efclaves , & même à plufieurs Colons.

permife , n'eft pratiquée que par le plus petit nombre.

IDOLATRES par ignorance , plus que par attachement, ils femblent fentir eux-mêmes la vanité de leurs fuperftitions, & n'y tenir que par une efpèce de routine facile à déraciner.

AUSSI, bien loin d'avoir la moindre répugnance pour les inftructions des Miffionnaires, ils les écoutent avec empreffement & avec attention. Ceux qui trouvoient la morale de l'Evangile trop fublime leur difoient : » Ne nous quittez-» pas , nous fommes trop vieux pour » changer de religion, mais vous inftrui-» rez nos enfans ; ils apprendront à faire » le bien , avant de connoître le mal : » Hélas ! ils feront bien plus heureux que » nous ! » D'autres plus dociles à leurs inftructions, leur promettoient de fe défaire des objets de leurs fuperftitions , s'ils confentoient à demeurer avec eux pour leur apprendre à connoître & à fervir le vrai Dieu.

UN d'eux nommé Tamaponda, époux d'une Princeffe, eftimable par la droiture de fon efprit & la bonté de fon cœur, fut

fi frappé d'étonnement d'entendre les vérités de la Religion qu'on lui annonçoit,
qu'il s'écria plufieurs fois : *Je veux être
Chrétien, quand même je devrois être le feul
dans tout le Pays.*

LA Princeffe Mamteva , tante du Roi
de Kakongo, & le Prince Makaïa, fuc-
ceffeur préfomptif à la Couronne, ne
témoignèrent pas moins de bonne volonté.
Ce dernier fit même une exhortation pa-
thétique à fes gens, pour les exciter à
écouter les Miffionnaires.

ILS conçoivent avec facilité, & retien-
nent bien ce qu'ils ont appris. En voici un
exemple : En 1769 l'un des Miffionnaires
ayant récité dans une Place publique de la
Ville de Kenguélé, Capitale du Kakongo,
les Commandemens de Dieu dans la Langue du Pays, une femme les écouta avec
tant d'attention, qu'elle en rapporta plus
d'un mois après, une bonne partie, mot à
mot, dans une affemblée de fon Village,
en préfence de l'autre Miffionnaire.

ILS ont beaucoup de docilité pour
croire les vérités Chrétiennes. Un des enfans, que les Miffionnaires avoient baptifés,
étant mort peu de jours après, fes parens,

perfuadés des effets du Baptême qu'on venoit de leur apprendre, loin d'éclater en murmures, s'écrièrent dans les premiers tranfports de leur douleur, fans fçavoir que les Miffionnaires fuffent à portée de les entendre : *Ah! il eft mort!* . . . *Mais heureufement il a été baptifé; le voilà préfentement avec Dieu dans le Ciel!*

ON fupprime plufieurs faits femblables (a). Il eft bien fâcheux que l'état d'épuifement où fe trouvoient les Miffionnaires, les ait contraints d'interrompre cette Miffion, lorfqu'elle donnoit de fi belles efpérances.

QUEL Peuple, en effet, parut jamais plus près de la porte du falut? Et peut-on, fans attendriffement, voir ces heureufes difpofitions demeurer inutiles?

AUX efpérances qu'elles donnent, fe

(a) Ceux qui defireront un plus ample détail, pourront le faire fçavoir à M. Defcourvieres Miffionnaire, qui fe propofe de démeurer à Paris, jufqu'à la fin de Mai de la préfente année 1772. Son adreffe eft chez M. l'Abbé Drogy, Docteur de Sorbonne, chez les Dames Carmelites de la rue de Grenelle, Fauxbourg Saint Germain.

joint encore la facilité des moyens pour
l'Entreprise.

MOYENS DE FAIRE RÉUSSIR LA MISSION.

LES Missionnaires, une fois arrivés, ob-
tiendront facilement , au moyen de quelques petits préfens faits au Seigneur du
lieu où ils voudront fe fixer , un terrein
fuffifant pour l'établiffement qu'ils pro-
jettent. La fertilité du fol, qui fera cul-
tivé par les pieux Laïcs qui font difpofés
à les fuivre, leur fournira en abondance
des fruits, du Manioc, du bled de Tur-
quie, du ris, du millet, peut-être même
du froment pour leur nourriture. Les vê-
temens n'y font que de toile, & l'on peut
s'en procurer à bon compte.

IL n'y aura donc prefque aucune dé-
penfe à faire fur les lieux, après deux ou
trois ans de féjour. Il ne s'agit , quant-à-
préfent, que de pourvoir aux frais indif-
penfables pour l'équipement des Miffionnaires , leur tranfport , & les premières
avances d'Etabliffement. Il convient auffi
d'avoir un lieu de correfpondance en
France , où deux ou trois des Affociés
feront occupés à recevoir, préparer &
envoyer des Sujets, & les petits fecours

néceffaires à la Miffion ; mais cette correfpondance pourra s'entretenir à peu de frais.

LES Miffionnaires voudroient, comme Saint Paul, n'être à charge à perfonne ; ils fe feront une loi de fe renfermer dans le feul néceffaire, & regarderont le peu qu'ils recevront de la pieufe libéralité des ames vertueufes, comme le tribut précieux de leur zèle & de leur charité ; & pour leur témoigner une jufte reconnoiffance, ils ont pris la réfolution de dire chacun deux Meffes par femaine à l'intention de leurs Bienfaiteurs, pendant tout le temps qu'ils demeureront dans la Miffion, & que la fanté, la liberté & les autres circonftances pourront le permettre.

SI quelqu'un a le zèle du Seigneur, (& l'on fe flatte que le nombre en eft encore grand) qu'il fe laiffe toucher à la vue de tant d'âmes rachetées au prix du Sang d'un Dieu, qui périffent miférablement faute de fecours ! Quel eft le cœur généreux, fenfible aux intérêts de la gloire de Dieu, & au falut de fes frères, qui n'accordera pas volontiers, pour le fuccès d'une œuvre fi fainte, une légère portion des

biens que la divine Providence lui a dé-
partis avec libéralité ! Un intérêt si pref-
fant, une fin si noble, ne demanderoient-
ils pas même qu'on se retranchât un peu
de ce prétendu néceffaire, que l'ufage
étend aujourd'hui bien au-delà des bornes?

Si le facrifice eft grand, l'objet l'eft
bien davantage ; la récompenfe ne fera pas
moindre. Elle eft promife à quiconque
aura donné un verre d'eau à fon frère dans
fon befoin ; que fera-t-elle pour celui qui
aura contribué au falut de tant d'âmes !

Il n'eft aucun Chrétien qui ne doive
y contribuer, du moins par la ferveur de
fes prières. L'on conjure donc tous les
Fidèles d'en adreffer à Dieu chaque jour,
pour le fuccès d'une fi fainte entreprife,
& pour la converfion de tous les Infidèles.
Hélas ! il s'en perd un fi grand nombre,
faute de connoître la voie qui conduit à
la vie ! Prions donc la fouveraine Vérité,
comme elle nous y invite, de leur fufciter
des Guides charitables : fupplions avec
ardeur le Maître de la Moiffon , qu'il
daigne y envoyer de dignes Moiffonneurs ;
elle eft fi abondante, le nombre des Ouvriers eft fi petit ! *Meffis quidem multa,
operarii autem pauci. Rogate ergo Domi-*

*num Meſſis ut mittat operarios in meſſem
ſuam.* MATTH. c. IX.

Les perſonnes qui voudront contribuer à
cette bonne œuvre, pourront confier leurs
aumônes, ou aux Miſſionnaires, pendant qu'ils
demeureront à Paris, ou à M. le Procureur du
Séminaire de Saint Nicolas du Chardonnet,
rue Saint-Victor.

Permis d'imprimer, ce 16 *Avril* 1772.
DE SARTINE.

A PARIS,

De l'Imprimerie de KNAPEN, au bas
du Pont S. Michel, 1772.